집의 고향

집의 고향

지은이 · 차한수
펴낸이 · 유재영
펴낸곳 · (주)동학사

1판 1쇄 · 2017년 8월 25일
출판등록 · 1987년 11월 27일 제10-149

주소 · 04083 서울 마포구 토정로53 (합정동)
전화 · 324-6130, 324-6131 | 팩스 · 324-6135
E-메일 | dhsbook@hanmail.net
홈페이지 | www.donghaksa.co.kr
www.green-home.co.kr

E-메일 | enl0525@hanmail.net

ISBN 978-89-7190-601-9 03810

집의 고향

차한수 시선집

Selected Poems of Cha han su

동학사

■ 시인의 말

겨울비가 주룩주룩 뿌리는
삭막한 갯벌
아이는 흠뻑 젖은 채
그 뜨거운 시간을
어깨에 메고
빗속을 걸었다
그게 어제만 같은데
이젠 시간이 앞서가고 있으니
두 다리가 꼬일 수밖에,
그래도 재 너머 길이 보이니
그 길을 걸어 가야지

2017년 8월
차한수

집의 고향 차한수 시선집

1

2

3

4

1

인연

-손 · 5

바다가 하늘을 바라다보면
하늘이 됩니다 하늘 역시
바다를 내려다보고 있으면
바다가 되고 맙니다 애초부터
손과 발이 그랬던 것처럼

별똥별

-손 · 57

가야지
뒤를 돌아보지 말아야지
욕심나는 것 모두 두고
가야지 저기 수많은 별빛으로
수놓은 나라로 꽃이 되어
웃지 말아야지
울지도 말아야지
발자국도 남기지 말고
가야지

말똥섬게

-손 · 66

나의 전생은 별이었다
나의 전생은 꽃이었다
나의 전생은 이슬이었다
봄비가 저리 내리는데
내 몸은 온통 불덩어리다

어머니는

- 1950년의 8월

콩밭을 매고 있었다 어머니는 굵은 손마디 사이로 유탄이 스쳐가도 계속 지심을 매고 있었다 1650년의 녹슨 8월이 돌맹이 사이로 묻히고 어디에서 어디로 가는지 알 수 없는 비병에 콩밭은 가루가 되고 있었다 뜨거운 대낮의 더위로 풀이 죽은 콩밭 이랑에 앉아 피가 밴 손으로 지심만 매고 있었다 어머니는 어머니는.

기도

나의 작은 뜰에는
빨간 채송화 입술이 눈부시다
불붙은 꽃잎파리
입과 귀 닫은 공복의 허전함이
새벽의 허리를 지날 때
어머니의 굵은 손마디
울리는 은은한 종소리

티눈

목이 말라 팔송 계곡을 타고 올랐다 웅덩이가 즐비하다 콩잎만한 자라 새끼가 여기 저기 떠 있다 작은 눈마다 하늘이 잠겨 있다 저만치 수태를 뒤집어 쓴 채 날 바라보는 어미자라는 부동이다 따가운 가을 햇살로 돌돌 말아 배낭에 집어넣었다 저항도 순종도 아닌 자세가 조용했다 계속 산을 올랐다 자라도 함께 올랐다 내려오는 길에 웅덩이를 보았다 콩잎만한 자라들이 그대로 떠 있었다 눈에 하늘을 담은 채 배낭을 풀었다 자라와 눈이 마주쳤다 내 눈이 자라의 눈 속에 있었다 두어 번 헤엄을 치더니 제 자리로 가서 수태를 뒤집어 쓰고 날 바라보고 있다 눈에 하늘을 담은 콩잎만한 새끼들과 함께 자꾸 하늘이 콩잎이 되고 있었다

보공補空

아무리 메워도 채울 수가 없습니다
걸어오면서 다지고 다졌는데
빈 곳은 그대로 비워 있습니다
진 손 마른손으로 먼 길 돌아
눈부신 실바우 자갈밭에 앉아
눈물도 가슴도 말라버리고
솔 겹질 같은 손등이 텅 비워 있습니다

베짱이가 울면

배짱이가 울면 당산 허리로 달빛 모여 앉아
끼리끼리 눈웃음 마시다
처서가 지난 여름밤을 애태우는 수수 잎이
삼형제별을 잎마다 받아놓고 헛기침하는 하얀 길을
하염없이 바라본다 베짱이 베짱이가 울면
바늘로 찌르를 파도의 입술로
흘러내리는 눈물 베짱이 베짱이가 울면
울음울음 따라 파란 들판을 걷는 꿈을 꾼다

동백冬柏

빨간 입술
굳게 다문 채
이름만 부르네

푸른 눈물이
날아다니는
꿈속을

아편같은 사랑
꼭 짜면
손이 저리네

집의 고향

밤이 뜸이 듭니다 젖내가 납니다 모중방을 새는 조대 터는 소리에 삽사리는 청 밑으로 들어갔습니다

사자탈을 쓴 삽사리는 날만 새면 이 산 저 산 쏘대다가 고라니 잡아 놓고 피투성이 되어 몸을 사리면

등지개만 입은 아이는 잿불에 익는 강냉이를 씹다가 혹구 바다로 가는 머나면 꿈을 납니다

호롱불이 잠든 깊은 밤 두름에 누운 암소의 숨소리가 멉니다

뜨거운 달

머리 푼 달을 인 베매기
곁불처럼
도투마리 내려다보는
장독대 둘러앉은 봉선화
꽃망울처럼

우물가 시궁창에 실지렁이
달을 마시는 야밤
어머니 양 볼을 기는 물레 소리
옷섶을 젖는
물결처럼

고백

야만인의 허기가 강심에 고인 달을 훌훌 마십니다

봄날 썰물로 이글이글 타오르는 노래를 바라보고, 밤이 깊어 가면 그리운 달빛이 뜨거워 그대 이름만 부릅니다

아무리 눈을 떠도 캄캄한 사랑, 파도의 산맥처럼 멀어지고 있습니다

서포西浦에서

가을비가 내린다
작은 어선들이 머리 숙이고 앉아 꿈꾼다
젖은 갈댓잎도 오후의 어깨 어루만지며
철석이는 바다의 눈 바라본다
벌거벗은 개펄의 몸부림에
바다는 자꾸만 뒤로 물러서고
안개를 비비는 비
작은 섬 허리 가리고 잔잔히 내리는데
젖빛 차일 너머로 봉우재 저녁종이 은은하다

복숭아꽃 펄펄 날리면

빨간 댕기 펄럭이는 자시에 봄비 시름시름 뿌리다
도둑고양이 단속곳에 복숭아꽃 펄펄 날리면
전신의 신음이 골수에까지 파고들다
오금을 펴지 못하는 허리를 씹는 울음아
철석이는 다리로 걸어가는 돛대는 절망을 모른다

맥박이 푸른 파도의 팔뚝으로
젊은 아침이 눈 뜨는 그 시간

함박눈

사전辭典 밖으로 쏟아진 단어單語들이
함성을 지르며 흩어지고 있다
가면假面을 벗어버린 무서운, 전라全裸의
뼈 속까지 물이 된 소리의 잔해殘骸만
쌓이고 있다
모든 이름을 포식한 미래로
흰옷을 입은 여인들이
맨발로 맨발로 흘러가고 있다

객토客土 · 1

꽃을 꺾다가 다친
애기 손가락이
빨간 피를 흘리고 있다
탯줄이 터진 비린내가
작은 손바닥에 흩어진
손금을 타고 간다
파도는 흰 팔목으로
상한 계절을 밀어내고 있다

가로수

나는 눕고 싶다
사금파리처럼
빤짝빤짝 빛나고 싶다
물구나무라도 서서 걷고 싶다
사태가 난 간선도로 뛰어들어
휩쓸고 가는 홍수가 되고 싶다

폭풍이 몰려오던 날
먼 나라로 떠나버린
나의 새를 찾아
활활 타오르는 불이 되고 싶다

초승달

구천계곡을 지나 해금강에 오니
바다는 신들의 웃음소리로 넘실거리고 있네
거제 남부중학교 윤 선생을 찾았더니
삼년 전에 세상을 하직하셨다는 목소리가
굿니처럼 밀려오네
엄동의 추위에 빨갛게 타오르는 동백이 되었는지
율포 앞바다를 날고 있는 물새가 되었는지
갈고리 마을 서쪽 하늘에 활짝 핀 노을이
목이 메어 웃고 있네

쑥대머리

수평선 바라보면
쑥대머리 한 가락이
은은히 들려온다
오뉴월 긴긴 해가
홰나무에 걸릴 때면
쩔룩쩔룩 준포 아재
여섯 살 어린 나를
굿거리로 얽어매어
춤을 추게 하여 놓고
허허 허허 웃던 웃음
파도가 되었구나

길이 무거워

길이 무거워
떨어지지 않는 발

가고 싶은 발은
제자리에 누워

쏟아져 내린 사태로
흔적 감추다

안개에 가린 안개 춤추다
길이 무거워
떨어지지 않는 발

길을
잃어버리고

2

빛

귀실 마을 어귀에 옹달샘 하나 있다 그 샘물로 귀를 씻으면 귀가 밝아진다고 한다 귀가 어두운 사람들이 귀를 씻는다 귀가 어두우면 눈도 입도 어두워진다 아무리 씻어도 씻어도 어두워지는 귀 장대비 맞으면 밤길을 걷는다 귀는 자꾸 어두워진다 어두운 귀실 마을에서 다시 귀를 씻는다

삼월

문신을 한 바람이 걸어옵니다 때 아닌 폭우로 강이 넘칩니다 가슴도 차올라 숨이 가쁩니다 손목도 시려오고 눈시울이 뜨거워집니다 옷을 벗은 돌들은 언제나 제자리에 앉아 이슬을 기다립니다 인대가 늘어난 어깨가 두근거립니다 입술이 침침해집니다

입춘

마당을 정하게 쓸었다. 사립문에 어둠이 걸렸다. 김이 오르는 떡시루에 달이 떴다. 머리 푼 달 속에 옷을 벗은 소녀의 덧니, 보드라운 살결에 바다 하나가 비친다. 봄멸 떼가 밀린 독발은 무너지기 시작했다. 구름을 인 바다는 울었다, 그 가슴으로 비는 자꾸만 내리고 있었다.

체중 · 2

불빛이 펄럭이는 바다에 흰 뼈가 떠 있다. 무게를 실은 발자국 마다 깔린 불빛은 그림자로 유산流産했다. 먹장구름이 몰려오는 어둠의 늪에서 아이는 울었다. 더 큰 소리로 울었다. 발가벗은 어둠의 층계로 비는 내린다. 빈 수레가 늪을 지나 빛 속으로 가고 있다. 안개 속에 철궁鐵弓을 든 신장神將이 우는 아이를 달래고 있다 흰 뼈가 녹은 바다엔 첫닭이 울고 있다.

사랑

-손 · 73

신생대의 안개가 꿈틀거리는
너의 들판으로 달려가서
빤짝빤짝 금은으로 울음 우는
한 마리 개똥벌레가 되고 싶다

별자리 · 5

초여드레 달빛이
옷섶을 가늘게 흔들고 있네
갈대 잎도 겨울을 흔들고 있네
바람이 된 그대 생각에
무덤이 떠 있는 해변을 바라보면
전생의 그리움이
저 바다에 반짝이고 있네

팔매질 · 1

무서워요
밤길을 걷는 게
귀신이 우는
진사리 삼밭으로
품이 큰 옷을 입은 아이가
가네요
아랫담 상여집엔
잔치가 벌어지고
당산 할매는
나들이를 하네요
간짓대 끝에
물귀신이 논다는데
자꾸 열이 올라요
무서워요

반게

박형의손은아예장작개비다일년내내계절따라해풍에찌들고짜디짠바다물에절였어도그속마음은야들야들한버들개지같다햇빛에그을린주름진눈가에는언제나웃음이흐른다투들투들튼손을물을데워씻어도이렇다며씩웃는박형금년삼동에도메기통발낙지주낙으로살림을꾸려왔다오늘은따뜻한웃목에등을녹이면서대학에다니는큰아들생각에스르르잠이든다

빗자루 귀신

밤길

누워 있는 자정

앞서 가는

접사리 입은 장정

무심한

절고節鼓소리

눈 뜬 채 쓰러진

장승

창백하다

세상이 멀다

진혼제鎭魂祭 · 2

구름 속에서

옷이 젖은 아이는

빗속을 걸었다

하늘과 땅을 잇는 맥박이

돌돌 굴렀다

무서움도 잊어 버린

아이는

신神들의 울음을

울고 있었다

메아리 · 2

-손 · 29

옴이 올랐습니다
해방 이듬해 봄
어리디 어린 이 몸에도
손가락 발가락 사이가 짓무르기 시작하여
온몸이 벌집으로 아우성 쳤습니다
가렵고 아파 엉엉 울어도
봄볕은 질질 흘러만 내렸습니다
솔바람이 우는 산길에는
독버섯이 하늘을 가리고
번쩍번쩍 빛나는데
전신에 번진 옴은 입을 다물고
속으로 속으로만 파고 들었습니다
온 국토에도 열병처럼 번지고 있었습니다

우리 이모의 손은

-손 · 15

우리 이모의 손은 손마디가 닳아버렸습니다
제국시대 일본 땅 건너가서
땅 파 농사짓고 탄광 인부 밥장수에
돼지 기십 마리 기르며
긴긴 세월 살다가
손마디가 닳아버렸습니다
그렇게 모은 꿈 이리저리 흘러가고
삼남 이녀 고이고이 길렀건만
장녀는 비명에 가고 큰아들 눈을 잃고
남은 것은 빈 손
닳아버린 손마디뿐입니다
그래도 우리 이모의 선한 눈엔
언제나 웃음이 살아 있습니다

낙화

마곡사麻谷寺 통나무 계단에
맨발의 신들이 오르내리고 있었다
전설을 머리에 인 꽃망울
꽃망울 터지는 노래로 하늘을 바라보면
눈물 같은 꽃신 하나가
살래살래 내려오고 있었다

개똥벌레 천사

개똥벌레는
천사다

어둠의 환희를 마시는
열병을 앓다가

사랑이 식은
험한 길을

오열하는 별빛 아래
죽음처럼 몽롱한 잠을 위해

춤을 추며
달려가는

개똥벌레는
천사다

버리세요 · 1

때마다 밥을 먹어도 배가 고프다
배가 고파 양껏 먹어 치운
찌꺼지가 이빨 사이에 끼어 날 괴롭힌다
이쑤시개로 잇발 사이를 공들여 헤쳐도 껄끄럽기만 하다
눈물이 나고 피가 나고
온몸을 활활 태워 버렸으면 싶다
내 머리 속에 그 자질구레한 지식과
그물코 같은 생각을 바라보면
어느 곳 하나 찌꺼기 없는 곳 없고
태가 낀 내벽엔 벌써 굳어버린
신경으로 어둠이 피고 있다
가슴이 막막한 이 찌꺼기의 욕망을
어서어서 버리고 싶다

그 해 여름

하늘이 낮아졌다 낮아진 하늘 아래 무수한 입술들이 일제히 무릎 꿇고 있다 마을마다 금기줄이 처졌고 사람들의 그림자는 찾을 수 없었다 이 집 저 집 지붕에는 흰 옷만 너울너울 춤을 추고 있었다 말을 잃은 사람들은 하늘만 쳐다보고 골목에는 적막한 안개만 달려가고 있었다 어디론가 – 그래도 뒷산에는 뻐꾸기가 구구 구구 슬피 울고 있었다

산은 오를수록

- 손 · 144

산은 오를수록 낮아지고
바다는 깊을수록 어두워진다
낮고 어두운 것
높고 낮은 것
어디엔들 없으랴

벼랑에 누운 가시 덤불
파르르 떠는 계절
산과 바다는 아무런 말이 없다

도리원을 지날 때

내가 도리원을 지날 때
거대한 공룡이 하늘을 찢는
울음을 울면서 어정어정
석양이 되고 있었습니다
울음이 깔린 들판에는
고깔을 쓴 요정들이
옷을 벗어버리고
휘파람 같은 춤을 추고 있었습니다

전설

나락이 탁근을 하는
무더운 밤
이슬 맺힌 풀섶 길을
달덩이 등에 업고
실바우 어장막을
날 듯이 오가던
우리 조모이 발자국이
지금도 꿈틀꿈틀
살아나네
하얀 머리칼 날리던
언덕길은 돌아앉은 채
묵어가고
해변을 돌아가는
일주도로는
나의 돌담을
하나하나 헐어내네

물레가 돌아가는

반게들이 갯펄의 허벅지를 엉금엉금 기고 있는 대대로 물려온 물레가 돌아가는 남해바다 몽돌밭 마른 몰냄새 돌아가는 물레 위에 앉아 어둠을 내려다보면 어둠과 어둠 사이 황금빛 이영을 한 초가 한 채 자물자물 비치는

– 쭈룩쭈룩 비가 내리는 논둑길을 파란 눈을 뜬 시거리의 비릿내로 파도의 물레가 돌아가는

3

가을날

가을날 낙엽 지는 뜨락에서
너와 마주앉아 술을 마시면
술잔은 외로운 조각배
잔을 놓고 내려다보면
뱉어버린 수많은 말의 분노가
하얗게 불이 붙은 바다가 된다
하얗게 불이 붙은 파도가 된다
늘어선 술잔을 돌아보며 술을 마시면
술은 말없이 눈물만 흘린다
다시 네가 마시는 술잔을 바라보면
흔들리는 네 인생의 조각배
텅 빈 낙엽의 뜨락에서
가을의 눈물이
모락모락 타고 있다

울음

홍매의 목소리는 붉다
백매의 목소리는 희다
붉고 흰 말들이
발맞추어 걸어간다
달음산 돌바위가 마주보고 서서
손뼉치며
꽃이 되고 있다

깐챙이

간밤에 싸락눈이 저리 내리더니
들 산이 온통 눈의 천지다
"아이구 칩다 내 새끼"
외손자를 맞는 조모이 얼굴은
만면이 웃음꽃이다
농사일만 하신 그 큰 손으로 내 작은 손을
요리조리 만지시면
이것저것 묻는 게 귀찮기만 했다
주름살로 덮인 눈 깊이
파란 보리밭이 보였다
"조모이 얼굴에는 우째 주름 뿐이재"
하고 묻고 싶었지만 꾹 참았다
"아이구 우리 임전이 새끼"
들릴 듯 말 듯 중얼거리며 구들목만 다독인다
매캐한 흙방의 따뜻함에 눈이 감겼다
하얀 꿈이 꿈을 꾸는 꽃밭으로
깐챙이 한 마리가 날고 있었다

동지팥죽

땅을 토해내는 시뻘건 객혈
툭툭 불거진 눈알이 경련을 하다가
식은땀을 흘리며 솔밭을 걷는다
성운星雲이 흩어진 해변으로
마마를 앓는 바람 한 떼 지나다

바라

산山은 주저앉아
옷섶으로 저승을 안고 있다

화선火扇에 묻힌 누골엔
첫눈이 소복이 쌓인다

나무들은 수심水心 깊이서
웃고만 있다

하늘이 무너지는 포말은
안개비 속을 표류한다

나의 눈에는
색 바랜 엽서가 젖고

아디줄은 쥔 손에서
바라가 울고 있다

팔매질 · 2

몽달귀신아

대밭 집 둘째 아들이 죽던 날

밤꽃은 활짝 피어

선혈鮮血이 낭자狼藉한 꽃밭에 나비는

맨발이더라

진물 같은 봄볕 속으로

문둥이의 장타령이 배어나는

대낮의 가락이

몽달귀신아

네 허벅지를 감고 있더라

용의 나라 · 1

눈이 거꾸로 선 사내들이
어슬렁거리는 들판에는
회오리바람이 몰아친다
말라버린 깍정이만 남은
논길을 수염이 긴 삽살개가
살래살래 걸어온다
우리들의 토종개
사라져버린 그 혓바닥만 보인다
눈물겹도록 그리운 날들이
돌로 굳어버린 오늘
목까지 차오른 위액의 쓴 맛에
식은땀이 난다
어지럽다 하늘로 떠오른
휴지조각만 세상 만난 듯
곤두박질을 하고 있다
금이 간 땅이여
말라버린 풀잎들이여
눈이 거꾸로 선 사내들이
이제 회오리바람을 업고
들판 너머로 가고 있다

아버지의 섬

보디칼치 번득이는 비늘처럼

뒤를 돌아보지 않는 길처럼

해변으로 달려가는 청춘가 한 소절

마디마디 갈라지는 쉰 목소리

내 가슴에는

내 가슴에는
언제나 파도소리가 넘실거리네

마파람이
흘러가는 바다

아련히 떠 있는 섬
포롯포롯 쑥이 자라는 언덕엔

오늘도
밤비가 내리고 있네

내 손은

-손 · 1

내 손은 참 위험하다. 사람들은 그런 내 우글쭈글한 손을 보고 너무 늙었다고 한다. 내 스스로가 내려다보아도 그렇게 느껴진다. 굵은 손마디는 닳아서 제 모습은 찾을 수 없고, 파란 심줄은 툭툭 튀어나와 징그럽기까지 하다. 손바닥은 못이 박혀 아예 양철조각 같으니 그럴 만하다. 길고 굵은 손가락도 볼품이 없다. 생각대로 생겨먹었으니 어디 제대로 내 보일 수도 없다. 참 부끄럽다. 어색하기만 한다. 내 못생긴 손은 그런 내 맘을 미리 알고 쩔쩔 매고 있다.

손에게

-손 · 13

손이여 너에게 무슨 말을 할 수 있겠니 언제나 너를 보면 볼수록 애처로운 생각만 드니 하지만 우리는 긴 세월 손과 손잡고 여기가지 오지 않았니 너와 내가 저 하늘에 별이 될 때가지 쉼 없이 걸어가야 할 것을 생각하니 더욱 그렇지 않니 그렇구나 우리가 여기까지 오는 동안 풀 수 없던 매듭들이 지금도 하나하나 고개를 들고 수많은 별빛으로 알몸 부비며 빛나고 있지 않니

그대는 아는가

눈물은 바다를 밟고 온다는 것을

발자국마다 일어나는 하얀 그림자는

지난날의 젖은 이야기로 남아

바람에 밀리고 있는 것을 보았는가

언제나 가쁜 숨 헐떡이며

떠다니는 작은 물새는 풀피리 같은

노래 한 가닥 남기고

오늘도 노을 깊이 빠지는 발자국 밟으며

가고 있는 날개 짓을

그대는 아는가

개똥벌레

가슴 타는 사랑
청사초롱 밝혀 들고
임 찾아 가는 쪽은
가도 가도 어둠일 뿐

낙엽

-손 · 106

언제나 내 주위를 배회하고 있는 잠 검은 안경을 쓰고 호주머니 깊숙이 무얼 감추고 으슥한 골목에 잠복하고 있는 잠 나는 안다 내 뼈골 깊숙이 배어 있는 기맥힌 아픔의 뿌리를 앗아가기 위한 속셈을 안되지 안돼 주먹을 꾹 쥐고 올 테면 오라지 하고 주위를 둘러보면 흔적도 없이 잠적해버리는 잠 그러다가 손 끝에 힘이 녹아내리면 나는 꼼짝없이 그의 포로가 되고 만다

메아리 · 1

팔월 스무아흐레 날은 내가 태어난 날이다
달이 없는 축시이니 캄캄한 어둠만 무릎까지 차올랐다
우리 조모이는 언제나 속삭이듯
"그날 밤은 온 하날이 별빛으로 꽃밭인기라 칠성이 세 번 빛나더니 소풀개 먼당을 지나 우리집 용두마리를 뚫고 집안으로 떨어질 때 니가 태어난기라…"
귀에 못이 박힌 이바구가 씨앗이 돌아가는
저실밤을 은은히 적셨다
뒷골 밤나무 숲은 윙윙 울어대고 하섬의 어깨너머로
넘실거리는 동백꽃은 오늘도 변함없이
걸어오고 있는데…

사랑

신생대의 안개가 꿈틀거리는
너의 들판으로 달려가서
빤짝빤짝 금은으로 울음 우는
한 마리 개똥벌레가 되고 싶다

그물코

바위 속에
일억만 년 전의 물새가 날고 있었다
험준한 코카서스 산맥을 넘어
활활 타오르는 사랑의 날개짓
계피향 노을에 젖어 있었다
굽이굽이 푸른 모래알 빤짝이는
입술로 날고만 있었다
날아올라라 새여 물새여
빨간 부리로 일억만 년의 침묵을 쪼아라
그리고 노래 부르며 날아올라라
그 푸른 날개로 춤추며
구만 리 창공을 날아올라라

춤

그것은

불꽃이다

불꽃 속으로

쓰러진

시퍼런 강물이다

뇌성이 깔린

끝없는

하늘을 나는

그

새의 울음이다

별

-손 · 28

그날 하수구에 쭈그리고 앉아 바라보던 별빛이 지금도 저 하늘에 반짝이고 있다 딱콩총을 멘 어린 병정이 헐렁한 군복 바지로 슬프게 걸어가던 긴 여름 뜨거운 햇살에 콩이 튀는 눈물도 말라버렸다 열 네 살 가는 팔을 꽁꽁 얽어맨 하수구는 깊은 잠이다 머리 위로 달리는 탱크의 캐터필러 소리가 심장을 꼭꼭 찌르면 눈을 감아버렸다 너울거리는 아카시아 잎새를 적시던 푸른 별은 어디에 있는지

투시도透視圖

1

오동나무 가지를 타고 펑펑 함박눈이 쏟아진다 삽시간에 묻히는 시간 책상 위에서 나의 시는 골똘이 호두알을 깨고 있디

2

신의 눈을 닮은 글지가 꼬물꼬물 하늘로 오르면 하나하나
별이 되어 빤짝일 수 있을까
꽁꽁 언 삼동의 허리
강아지 풀이 시든 들판은 온통 그 별빛으로
취할 수 있을까
나는 지금 술을 마시고 있다

4

나무야 나무야

나무야 나무야 말라죽은 나무야

안개비에 젖은 채 그대로 서서

죽은 나무야 뿌리까지 죽은

나무야 잎도 가지도 없으면서

살아있는 나무처럼 서 있는 나무야

뒤

길을 걷다가 뒬 돌아보다 뒤가 뜨겁다 뜨거운 뒤가 멀다 먼 뒤를 두고 빠른 걸음으로 서둘러도 뒤는 여유 있게 뒤에 있다 오늘은 뒤를 앞세우고 걸었다 뒤가 앞이 되고 앞이 뒤가 되었을 뿐 뒤는 언제나 뒤다

아프다가

섬이 아프다 아프다가 우는 물새 바라보면
울음이 아프다 철석이는 파도가 아프다
돌 틈에 고개 내민 방게 빤짝이는 눈빛이 젖는다
젖은 동자가 아프다 물속을 나는 날개 죽지가
아프다가 물이 되는 바람이 되는
아픔이 웃다가 혼자되는 것이 아프다가

군말

가뭄에 목이 타는
머리카락이
머뭇머뭇 하다가
여기가지 오고 말았다
내다보니
아직도 갈 길이 멀다
굿니가 높으니
멀미가 난다
어머니의
눈웃음이 보인다

사라의 눈

양철 지붕이 윙윙 날아다니는 하늘이 땅에 묻히다 잔솔 아기자기 자라는

언덕이 쏟아지는 나무가 울고 돌이 통곡하는 아침이 토막토막 피 토하다

몰려오던 수평선이 배배 꼬여 툭툭 떨어지다 세상이 죽은 듯이 떨고 있다

해신海神의 뒷모습이 초라하다 조용이 내리는 빛이 어둡다

바람의 전설

- 서생역(西生驛)

팔순 할머니 둘 양지쪽에 다정히 앉아
추억처럼 다가오는 철둑 바라보다
역사 헐린 자리에는 추운 햇살이 서성이고
늙은 바람은 낙엽 쌓인 언덕을 급하게 내려가다
낡은 간판은 어깨 추스르며 떨고 서서
지워진 흔적을 돌아보면 텅 빈 철길만 바라보다
흰 머리카락 날리는 노인들의 주름진 선로 위로
완행열차 기적이 아련하다

구두 한 짝

옆구리가 터진 구두 한 짝 입 벌리고 누워 시름시름 뿌리는 봄비에 젖다

어디로 달아난 짝이 생각나 파랗게 순이 돋는 언덕을 우두커니 바라보다

산불로 타다 남은 죽지에도 파란 눈이 트는데 떠나버린 머나먼 길을 기억할 수 없구나

옆구리가 터진 구두 한 짝 길을 찾아 은하계로 가는 강이 되어 가고 있구나

허공虛空

시간 밖으로 지는 꽃잎
손끝에 떤다
무시로 생각던 꿈 깊숙이 고인 눈물도
말라버린 꽃잎
한없이 멀어지는 꽃잎을 본다
땅바닥에 주저앉아
빛나는 시간을 벗어버린
돌이여 바람이여

빗살무늬 토기에 붙여

-손 · 64

백제 마을 어귀에서 토기 파편 하나 주었다 흙을 털고 자세히 보니 누군가의 손으로 빗질한 빗금 몇 가닥이 머리칼로 흘러내리고 있었다 오색 구름 위를 몇바퀴 돌다가 싸리꽃 핀 토담집 삽작에 사푼히 내려앉은 흰나비 영혼 흘러내리는 빗금 맨 끝에 돌돌돌 기나긴 시간의 지층이 도랑물로 흘러가고 있었다

박재삼朴在森

비에 젖고 있었다. 마른 하늘로 흩어지는 혓바닥이 뼈마디마디 모닥불로 타서, 쑥뜸이 서서히 피고 있었다. 허리춤엔 남풍에 묻힌 목섬이 떠 있고 바람 위에 앉은 체중에 팔포 갯내가 비늘처럼 누워 대방골 물빛이 번득이고 있었다. 말을 듣지 않은 눈에 그래도 빛 안지고 산다는 게 용하다는 웃음이, 어린 것들 옆으로 걸어가고 있었다.

만월滿月

턱이 무너진 해골 웃다
웃음이 털컥컬컥 쏟아진다
부옇게 흩어지는 백발의 파문이
모래밭에 삐죽삐죽 섰다가
사방으로 흩어지는 실성한 웃음
어금니 뽀독뽀독 가는 날벼락이
서러운 등을 아무리 따뜻하게
쓰다듬어 주어도
눈물이 나지 않는다

사시斜視

밤은

자위를 하며

울었다

울다가 울다가

잃어버린 날개가 생각나서

울었다

하현달이 질 때 쯤

비상이 든

술을 마시며

노래를 불렀다

돌고래가 거울을 보고

돌고래가 거울을 보고 웃었습니다
웃는 얼굴이 우스워 울었습니다
아무리 보아도 웃음이 보이질 않습니다
울음도 간곳이 없습니다
다시 보아도 우는지 웃는지 알 수가 없어
눈을 감아버렸습니다
하늘에도 수많은 웃음과 울음이 엉겨
밤새도록 우박이 쏟아지고 있었습니다

손을 씻는다

-손 · 2

손을 씻는다
손에 묻은 때를 씻는다
씻어도 씻어도 지질 않는 때
보이지 않는 때를 씻어야 한다
아, 때는 살갗 깊숙이 파고들어
온몸이 때가 되고 있구나
다시 손을 씻는다
손톱 밑에 박힌 수많은 가시가
가슴 속으로 슬금슬금 파고든다
멍이 든 마을 아득히
묻어오는 천둥소리

울음의 눈

나무와 나무는 나란히 서서
울음을 울면서 자란다

울음이 울음을 마시는 가지

부러진 노래가 가슴 울리는
울음의 초상화

측량할 수 없는 울음의 깊이
수심은 풀 수 없는 눈빛

천리향千里香

꽃이 필 때 천리향千里香은 죽어 있었다

꽃망울이 검게 말라 갔다. 마른 꽃망울을 쳤다. 생기가 나는 잎.

남은 꽃 몇 송이가 피었다. 그것마저 시들기 시작하니 봄은 어김없이 가버렸다. 잎은 모두 말라 버리고, 사자使者의 그림자가 어른거렸다.

또, 가지를 쳐 주었더니 포롬한 눈이 텄다. 무서웠다. 여름이 한창 깊어질 때 그 어린 눈마저 검게 타 버렸다.

이제 성한 나무도 잎이 졌다. 죽은 천리향千里香은 산 나무와 나란히 서 있다.

도깨비

돌았다 돌다가 돌다가 김이 빠져
웅성웅성 서성이다가
별을 보며 울었다
텅 빈 울음이 싱거워 폭삭 앉아버린
마음을 날리고
가래 끓는 바람만 마시면서
돌았다 돌다가 돌다가 빙빙 돌아가는
콩이 튀는 가을의
물이 되었다

비의 향기

꽃망울
터지는
울음이다

보슬보슬
봄비 손짓하는
얼굴이다

손발 저리게
바라보는
향기다

뜨거운
꽃잎의
비명이다

무엇이 그리울 때

또 저승에서 전화가 왔다
무엇을 그렇게 기다리고 있느냐
징검다리 밟고 건너오면 되는 것을
그리도 망설이고 있느냐 한다
쉰 목소리다
노오란 산새가 언덕에 기댄 채
울고 있다 울음도 노랗다
봄비가 보슬보슬 내리고 있다
싹들이 몸을 움추린다

지리산에서

끝순이는 머리를 빗지 않았다
발가락 만지며 흐르는 도랑물
마시고 구름처럼 날아다니는
끝순이는 잠을 자지도 않았다
봄이 지글거리는 대낮을 훌훌 마시고
참꽃덤불이 되어 활짝 핀
끝순이는 슬픔을 몰랐다
비가오고 눈발 날리는
몽돌밭 밟으며 노래를 불렀다

해설

'사랑'과 '삶'과 '시'를 사유하는 서정의 깊이
차한수의 시세계

유성호(문학평론가, 한양대 국문과 교수)

1. 향원익청(香遠益淸)의 세계

두루 알려져 있듯이, 서정시는 꿈과 현실의 접점에서 착상되고, 그것들이 이루는 첨예하고 날카로운 긴장 속에서 발화된다. 그래서 정서적으로 '꿈'에 접근하는 일과 이성적으로 '현실'에 다가서는 일은 서정시가 수행하는 불가피한 두 가지 과제가 아닐 수 없다. 그만큼 서정시는 복잡하기 이를 데 없는 현실을 드러내면서도 그것을 뛰어넘을 수 있는 상징적이고 마법적인 꿈의 세계를 마련하여 그 경계에 자신의 정체성을 우뚝 세

워간다. 차한수 시인의 시세계는 온 마음을 다해 전해지는 회감回感의 정서와 우리가 살아가는 현실에 대한 탐구의 열의를 함께 담아냄으로써, 이러한 서정시의 핵심 기율을 여지없이 충족해간다. 이를테면 차한수 시인은 깊은 눈길로 세계를 투시하고 거기에 기억을 던져 넣는 낭만적 모험을 마다하지 않고, 자신의 삶을 구성하고 있는 타자들에 대해 한없이 따스한 말을 건네면서, 자신을 향해서는 매우 중량감 있는 성찰의 언어를 부여해간다. 이런한 복합적 사유와 감각이 그의 시편으로 하여금 우리 시대를 끌어가는 구심력으로 나아가게 하고, 더러는 우리로 하여금 현실을 벗어나 더더욱 꿈의 원심력을 가지게끔 하는 향원익청香遠益淸의 세계를 구성하기도 한다. 그가 이번에 펴내는 시선집 『집의 고향』에는 이러한 차한수 시학의 이력과 성취가 빼곡하게 들어차 있다. 이제 그 세계 안으로 한 걸음씩 들어가 보자.

2. '개똥벌레' 와 '구두 한 짝'의 사랑

먼저 차한수 시편을 시인 스스로 자신을 탐구하고 성찰하는 이른바 '자기 확인'의 속성으로 충일하다. 일찍이 서정시의 자기 성찰적 성격은 매우 각별하고도 고유하게 인정되어온 바 있지만, 차한수 시편에서 그것은 사물들로 시선을 한없이 확장했다가 다시 자신으로 귀

환하는 재귀적再歸的 특성을 일관되게 지니는 형태로 나타난다. 이처럼 그의 시편을 진정성 있는 자기 확인의 모습과 더불어 우리가 살아가는 삶의 원리에 대한 사유를 심미적으로 드러내는데, 이때 우리는 그의 시편을 통해 삶의 편재적 슬픔과 그것의 위안과 치유의 가능성을 동시에 경험하게 되고, 나아가 넉넉한 자기 긍정의 미학에 다다르게 된다. 그리고 그 위안과 치유와 긍정의 마음을 가능하게 한 저류底流에 그만의 '사랑'의 힘이 도사리고 있음을 알게 된다.

신생대의 안개가 꿈틀거리는
너의 들판으로 달려가서
빤짝빤짝 금은으로 울음 우는
한 마리 개똥벌레가 되고 싶다

–「사랑 – 손 73」 전문

가슴 타는 사랑
청사초롱 밝혀 들고
임 찾아 가는 쪽은
가도 가도 어둠일 뿐

–「개똥벌레」 전문

차한수 시인이 노래하는 '사랑'은 '신생대의 안개'가

깔린 '들판'에서 나누는 야성의 사랑이자, '빤짝빤짝 금은'으로 울음 우는 한 마리 '개똥벌레'의 사랑이다. 여기서 '신생대의 안개'란 흐릿하고도 신비로운 시원始原의 상태를 함의하며, '너의 들판'이란 자연 그대로의 순수한 열망을 포괄한다. 가령 그것은 "험준한 코카서스 산맥을 넘어/ 활활 타오르는 사랑의 날갯짓"(「그물코」)을 떠올리게 하는 원형적이고 역동적인 것을 함의한다. 시인은 다른 곳에서 "개똥벌레/천사"(「개똥벌레 천사」)라고 했거니와, 그만큼 한 마리 '개똥벌레'는 천사와도 같은 사랑의 의지를 나타내는 상관물로 시종 등장한다. 이어지는 시편에서도 시인은 "가슴 타는 사랑"을 가지고 임을 찾아간다. 비록 청사초롱을 들고는 있지만 가도 가도 어둠일 뿐이다. 이는 자신이 꿈꾸는 사라의 불가능성과 불가피성을 함께 노래하는 것이고, 시인의 번민과 열망을 동시에 나타내는 것이다. "아무리 눈을 떠도 캄캄한 사랑"(「고백」)이기 때문이다. 이처럼 차한수 시인은 '개똥벌레' 형상을 통해 자신이 해석하는 사랑의 원리를 산뜻한 감각의 소품으로 제시해간다. 이 모든 것이 커다란 스케일 안에서 이루어지기보다는 일상적이고 소소한 사물과 풍경 속에서 성취되어가는 차한수 시학의 확연한 장처長處라 할 것이다.

　　옆구리가 터진 구두 한 짝 입 벌리고 누워 시름시름 뿌리는

봄비에 젖다

어디로 달아난 짝이 생각나 파랗게 순이 돋는 언덕을 우두커니 바라보다

산불로 타다 남은 죽지에도 파란 눈이 트는데 떠나버린 머나먼 길을 기억할 수 없구나

옆구리가 터진 구두 한 짝 길을 찾아 은하계로 가는 강이 되어 가고 있구나

-「구두 한 짝」 전문

이번에는 사랑의 마음으로 살아온 자신의 실존적 형상을 '구두 한 짝'으로 은유한고 있는 시편이다. "옆구리가 떠진 구두 한짝"은 오랜 세월을 견디면서 살아온 노경老境의 실존을 암유暗喩하는데, 그 구두가 입 벌리고 누워 봄비에 젖고 있는 풍경을 애처로운 분위기를 자아낸다. "어디로 달아난 짝"을 생각하면서 "파랗게 순이 돋는 언덕"을 우두커니 바라보는 구두의 모습에서 우리는 더욱 고독한 사랑의 초상을 느끼게 된다. 그렇게 '구두 한 짝'은 "떠나버린 머나먼 길"을 기억하지 못하는 깜깜한 길을 찾아서 "은하계로 가는 강"이 되어가고 있다. 어쩌면 그 사랑은 "빈곳은 그대로 비어"(「보공補

空」)서 "시간 밖으로 지는 꽃잎"(「허공虛空」처럼 이어갈 것이다. 사랑하는 대상의 부재와 대상에 대한 항구적 열망으로 흘러갈 수밖에 없는 생의 형식을 지속적으로 노래한 애절한 시편이 아닐 수 없다.)

이처럼 차한수의 '사랑' 시편들은 낭만성의 변주가 굵고 낮은 목소리에 얹혀 섬세하게 구현될 때 단연 생기에 넘친다. 그렇다면 굵고 낮은 목소리와 섬세하고 짧은 형식이 결합된 그의 시편은 왜 우리에게 비상한 감동을 주는가? 그것은 다름아닌 독자들의 상상력이 시편 안에서 투사投射되어 생겨나는 창조적 운동 때문일 것이다. 이러한 속성은 시인 자신의 배려와 함께, 언어의 틈을 비집고 들어가 언어와의 일체를 꿈꾸는 독자의 의지에 의해 실현되고 완성되는 어떤 것이라 해도 틀리지 않을 것이다. 이렇게 차한수는 아름다운 '개똥벌레'와 '구두 한 짝'의 사랑을 노래하는 시인이다.

3. 삶의 무늬에 대한 고백 시편

그런가 하면 차한수 시인은 '삶'의 구체를 탐구하고 형상화하는 데 적공積功을 들여간다. 그러한 노력은 이편과 저편으로 갈라놓는 인위적 구획을 넘어서는 통합적 사유에서 발원하는 것이다. 가령 시인은 삶을 구체적으로 규율하는 실존적 조건들에 대해 깊이 탐구하면서, 무수히 갈라져 있는 것들을 통합하여 자신의 내

면으로 안아 들이려는 커다란 기획을 견결하게 보여준다. 그래서 시인은 삶의 통합성을 원초적 역동성으로 복원하려 애쓰는데, 다음 시편은 그러한 삶의 무늬를 보여주는 예증이 되기에 알맞다.

> 내 손은 참 위험하다. 사람들은 그런 내 우글쭈글한 손을 보고 너무 늙었다고 한다. 내 스스로가 내려다보아도 그렇게 느껴진다. 굵은 손마디는 닳아서 제 모습은 찾을 수 없고, 파란 심줄은 툭툭 튀어나와 징그럽기까지 하다. 손바닥은 못이 박혀 아예 양철조각 같으니 그럴 만하다. 길고 굵은 손가락도 볼품이 없다. 생각대로 생겨먹었으니 어디 제대로 내 보일 수도 없다. 참 부끄럽다. 어색하기만 한다. 내 못생긴 손은 그런 내 맘을 미리 알고 쩔쩔 매고 있다
>
> -「내 손은 - 손 1」 전문

'손'은 삶의 등가적 상관물로 노래하는 이 시편은, 시인의 성정性情을 닮아 진솔하고 생생하고 또 그만큼 그를 늙어 보이게 한다. 더불어 '굵은 손마디'와 튀어나온 '파란 심줄'은 빠르게 흘러간 세월을 은유적으로 보여준다. 그러다가 이 시편은 "못생긴 손" 이 그러한 부끄럼과 어색함을 알고 미리 쩔쩔 매고 있다는 고백으로 종결된다. 물론 못생기고 굵고 험한 손이 부끄러움의 대상이 될 수 있는 없을 것이다. 오히려 "어머니의 굵은

손마디/울리는 은은한 종소리"(「기도」)처럼 그것은 생의 아름다운 훈장 같은 것이 아닌가. 그리고 "우리는 긴 세울 손과 손잡고 여기까지 오지"(「손에게 – 손13」) 않았는다. '손'으로 전해오는 삶의 무늬를 통해 차한수 시학의 지극한 고백의 마음이 잔잔하게 전해져온다.

내 가슴에는
언제나 파도소리가 넘실거리네

마파람이
흘러가는 바다

아련히 떠 있는 섬
포릇포릇 쑥이 자라나는 언덕엔

오늘도
밤비가 내리고 있네

–「내 가슴에는」 전문

시인의 가슴에는 '파도소리'가 넘실거리고, 시인은 "마파람이/흘러가는 바다"에 아련히 떠 있는 섬 하나처럼 "포릇포릇 쑥이 자라는 언덕"을 꿈꾼다. 밤비 내리는 세상에서 밤을 건너 닿아야 할 '섬'이 바로 그가 동경해마지 않던 삶의 원형 같은 것이었을 터이다. 거기서 차한수 시인은 "무덤이 떠 있는 해변을 바라보면/전생의 그리움이/저 바다에 반짝이고"(「별자리 5」) 있음을 느끼고, "해변으로 달려가는 청춘가 한 소절" (「아버지의 섬」)이 바로 자신의 누대累代의 기억임을 차근차근 고백해간다.

이처럼 차한수의 고백 시편을 이루는 확연한 구심이 삶의 태도 혹은 자리의 문제라면, 그의 시적 원심은 세상을 향한 그리움의 에너지로 충일하다. 그에게 '사랑' 혹은 '그리움'은 자기애自己愛 같은 것이 아니라, 세상을 향한 소통적 열망을 띤 것이다. 하지만 온전한 의미에서의 상호 소통적 사랑은 그에게 허락되지 않는다. 오히려 그러한 사랑이 결핍되고 부재하는 상황이 그의 시를 감싸고 있을 뿐이다. 사랑을 희원하지만 그것을 미완에 그치게 하는 완강한 삶의 불모성이 그의 시가 자라나는 역설의 토양이기 때문이다. 따라서 어떤 비극적 조건에서 발생하는 사랑의 결여 형식이 그의 시세계의 바탕이 되고 있는 것이다. 이렇게 차한수 시인은 주체의 유니크한 경험들이 사물과의 자연스런 교감을 통해 사물에게로 투사되는 과정을 통해 삶의 지극한 무늬들을 고백해간다. '손' 과 '가슴' 안에 있는 시간의 흔적이 그것을 가능하게 해주는 이미지라 할 것이다.

4. '기억'과 '동경'으로서의 시(詩)

차한수 시인에게 '시詩'는 일차적으로 삶을 담아가는 거울 역할로 다가온다. 물론 이때의 '삶'은, 실제적으로 살아가는 현실적 삶일 수도 있지만, 시인의 독자적인 사유와 감각이 빚어내는 상상적 삶일 수도 있다. 또한 차한수 시인에게 '시'란 나르시시즘을 충족시키면서도 아득하게 타자로 번져나가는 언어적 파동波動으로 거듭난다. 그래서 그에게 '시'는 결국 자기로의 회귀와 타자로의 열림을 동시에 가능하게 하면서 순간과 영원, 결단과 서성임, 안시과 방황을 던져주는 유일무이한 삶의 형식이 되어주는 것이다. 그 '시' 형상이 다음과 같이 펼쳐져있다.

그것은

불꽃이다

불꽃 속으로

쓰러진

시퍼런 강물이다

뇌성이 깔린

끝없는

하늘을 나는

그

새의 울음이다

-「춤」 전문

일찍이 프랑스시인 발레리(P. Vallery)는 "산문은 보행이요, 시는 춤이다."라고 갈파했거니와, 여기서 차한수 시인이 노래하고 묘사하는 '춤'은 그 자체로 '시'의 속성과 닮았다. 그것은 '불꽃'과도 같은 강렬함과 순간성으로 피어올랐다가, 어느새 "불꽃 속으로//쓰러진//시퍼런 강물"로 몸을 바꾸어간다. "뇌성이 깔린//끝없는//하늘"을 나아가는 무한(infinity)에 대한 동경과 "새의 울음"이 가지는 절실한 몸짓이 그 안에 모두 있다. 그 '춤'을 통해 시인은 "새를 찾아/활활 타오르는 불이"(「가로수」)되기도 하고, "측량할 수 없는 울음의 깊이"(「울음의 눈」)에 가 닿기도 하는 것이다.

이처럼 차한수 시인은 언어에 대한 섬세한 자의식을

선보이거나, 삶의 보편적 이법理法을 보여주거나, 언어적 완결성을 지향하는 깔끔한 서정을 선사하는 과정을 통해 자신의 시세계를 완성해간다. 그리고 그는 자연 사물 속에서 새의 이법을 읽어내는 일관성을 보여주는데, 가령 자연 사물과 인간이 상호 공명하면서 그려내는 미학적 파동은 차한수 시인의 가장 직접적인 시적 지향이 되고 있다. 이러한 방식은 근대가 초래한 자연의 종속성을 치유하면서 자연 스스로를 우리에게 경험케 해준다. 그리고 그것은 생명 자체의 다원성을 극대화하려는 미학적 전략과 통합되어 아름다운 서정시편의 자양이 되고 있다. 다음 시편을 읽어보자.

> 밤이 뜸이 듭니다 젖내가 납니다 모중방을 새는 조대 터는
> 소리에 삽사리는 청 밑으로 들어갔습니다
>
> 사자탈을 쓴 삽사리는 날만 새면 이 산 저 산 쏘대다가
> 고라니 잡아 놓고 피투성이 되어 몸을 사리면
>
> 등지개만 입은 아이는 잿불에 익는 강냉이를 씹다가
> 헉구 바다로 가는 머나면 꿈을 납니다
>
> 호롱불도 잠든 깊은 밤 두름에 누운 암소의 숨소리가
> 멉니다

－「집의 고향」 전문

백석 시집 『사슴』(1936)의 세계를 언뜻 떠올리게 하는 이 표제작은, 그만큼 시골 마을의 구체적 풍경과 그것을 향한 아스라한 그리움의 세계를 담고 있다. 원래 '집'이나 '고향'은 모두 원초적 귀속성을 핵심 속성으로 거느리게 되는데, 시인은 아예 '집의 고향'이라고 명명함으로써 그 원형성을 더욱 강조하였다. 지금은 쓰지 않는 고어나 방언이 수미일관하게 활용된 것도 백석과 퍽 닮은 면모이다. 어쨌든 시인은 밤이 뜸이 들고 젖내가 날 무렵, 시각은 무뎌지고 청각이 살아나는 장면을 감각적으로 붙든다. 그리고 청 밑으로 들어간 삽사리가 날만 새면 쏘대면서 고라니 잡아 놓고 피투성이 되어 몸을 사리던 때를 떠올린다. 이때 어린아이 하나가 잿불에 익은 강냉이를 씹다가 '바다'로 나아가는 머나먼 꿈을 꾸는 장면과, 누운 암소의 숨소리는 깊은 밤을 가로지르면서 더욱 먼 꿈을 번져가게 하는 장면이 이어진다. "귀가 어두우면 눈도 입도 어두워"(「빛」)진다고 했는데, 시인은 밝은 귀로 밤의 소리를 듣고 있는 것이다. 그러니 '집의 고향'은 한편으로는 강냉이 씹던 가난한 마을일 터이고, 다른 한편으로는 머나먼 동경의 바다이기도 할 것이다. 차한수 시편의 두 개의 원적지原籍地인 '기억'과 '동경憧憬'이 그 안에 매우 선연하게 펼쳐져 있다.

더 많은 시편들이 언급될 수 있었던 것이다. 어느 것

을 인용해도 좋을 만큼 차한수 시편은 폭 넓은 균질성을 확보하고 있기 때문이다. 다른 시편들이 더 인용되었다면, 이 길지 않은 소묘는 얼마든지 다른 선과 색과 형태로 완성될 수도 있었을 것이다. 하지만 우리가 살핀 것에 국한해 보더라고 차한수 시인은 '사랑', '삶', '시'라는 세 개의 키워드를 트라이앵글로 하여 강렬한 '그리움'의 세계를 보여준 시인으로 기록될 것이다. 그것을 깊은 경험적 실감으로 복원하면서 거기서 깊디깊은 삶의 심연을 바라보는 차한수 시인의 서늘하고도 잔잔한 눈길은, 이러한 시적 속성들이 그의 시 저변에 지속적 인자因子로 존재하고 있음을 뚜렷하게 증명해주고 있다. 아름답고 애잔하고 또 융융하기 그지없다.

5. 우리 시단의 중진이 선사하는 서정의 깊이

대개 한 편의 서정시에는 시인 자신의 절실한 경험과 기억은 물론, 대상을 향한 시인의 한없는 그리움과 매혹이 응축적으로 담겨 있게 마련이다. 이러한 속성을 두고 우리가 서정시의 '동일성同一性' 원리라고 명명해온 관행은 이제 낯설지 않다. 그리고 독자들은 이러한 시인의 각별한 경험과 기억을 통해 자신의 삶을 반성적으로 바라보기도 하고, 새로운 세계에 대한 간접 경험을 풍요롭게 일구기도 한다. 따라서 서정시는 근본적으로 시인과 독자 사이의 경험과 기억의 소통을 전제로 한 특수한 담화 양식이 된다. 우리가 차한수 시편들을 접하면서 가장 먼저 느끼게 되는 것 역시 이러한 서정시의 소통 지향성이다. 우리가 친숙하게 접할 수 있는 대상들을 서정시의 문맥으로 흡수하여 거기에 자신만의 농밀한 언어를 얹어가는 그의 안목은 크게 신뢰해도 좋을 것 같다. 그만큼 차한수 시인의 시편은 불필요하게 난해하지 않고, 부자연스럽지 않고, 독자들을 편안한 동화同化의 세계로 이끌어가는 친화력을 가지고 있다. 또한 그의 시는 시인 자신이 겪은 남다른 경험과 기억의 깊이를 함유하고 있는데, 따라서 우리가 차한수 시인의 시편을 읽는 것은 그러한 시인의 남다른 경험과 기억에 흔연히 동참하는 일이 된다. 그 경험과 기억의 내질內質은, 오래 시간 거쳐온 대상들을 향한 한없는 그리움과 미학적 감각을 기울여가는 매혹으로 이루어진 어떤 것일 터이다. 그만큼 차한수 시인의 시는 그리움과 매혹의 사이에서 발원하고 완성되어간다.

지금까지 우리가 천천히 작품을 읽어온 운대云臺 차한수車漢洙 시인은, 올해로 등단 40년을 맞은 우리 시단의 중진이다. 그가 펴내는 이번 시선詩選은 가장 원숙하고도 깊은 시선視線을 담은 산뜻하고도 중후한 결실일 것이다. 여기서 시인은 우리 시대의 과제가, 무모한 속도전과 자기 소모적 열정으로부터 원초적이고 선명한 감각과 인지 능력을 복원하는 일로 현저하게 옮겨가고 있음을 알려준다. 그런데 차한수 시인은 이러한 지속적 탐구의 열정을 타자의 음영陰影 속에서 이루어간다. 이처럼 차한수 시학은 생의 원초성과 타자들에 대한 관심을 복원하는 일이 우리가 상실한 균형 감각을 회복해가는 길이며, 인간의 숨결을 터가는 대안적 실천이 될 것이라고 역설해간다. 그리고 이러한 균형 감각의 회복 과정을 공들여 환성해내는 것이 우리 시단의 둘도 없는 과제임을 명료하게 알려준다. 그러하게 차한수 시인은 사물과 다양한 교응交應을 통한 완미한 미학으로 나아가면서, 언어가 범람하고 있는 이 시대에 역설의 경종이 되어주고 있다. 그 세계는 '사랑'과 '삶'과 '시'를 사유하는 서정의 원리에 의해 구현된 미학적 결실이라 할 것이다. 이제 우리가 그 서정의 깊이에 동참할 차례이다.